Experiencing Chinese

体验汉语

国际语言研究与发展中心

练习册
初中

Workbook
Middle School
1A

高等教育出版社
Higher Education Press

目 录

发音练习		3
汉字练习		11
1	你好！	14
2	你真好！	20
3	五个香蕉	27
4	我喜欢狗	34
5	我的眼睛很大	41
6	这是我妈妈	48
7	看，我的电脑	54
8	这不是你的书包	61

发音练习

1 Listen and read.
听一听，读一读。

b		d			g
p		t			k
	z		zh	j	
	c		ch	q	
f	s		sh	x	h
			r		
m		n			
		l			

	i	u	ü
a	ia	ua	
o		uo	
e			
	ie		üe
er			
ai		uai	
ei		uei	
ao	iao		
ou	iou		
an	ian	uan	üan
en	in	uen	ün
ang	iang	uang	
eng	ing	ueng	
		ong	iong

3

Listen to the recording and select the initials or finals.

听一听，选出你听到的声母或韵母。

Practice of pronunciation

③ Listen to the recording and circle the tones you hear.
听一听，圈出你听到的声调。

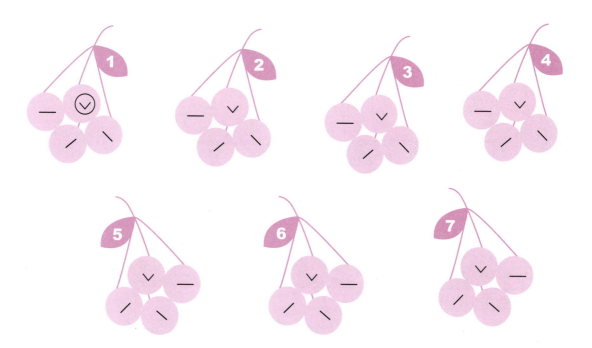

④ Listen to the recording and select the syllables you hear.
听一听，选出你听到的音节。

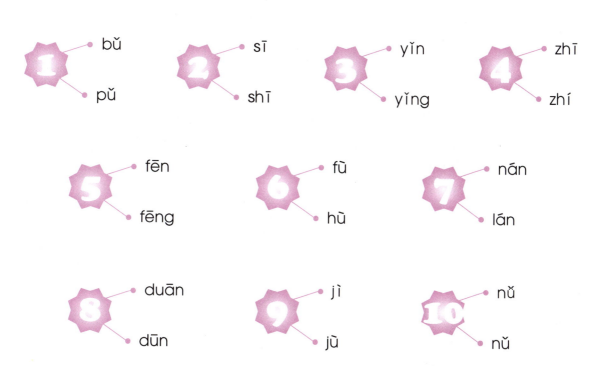

Listen to the recording and select the syllable with different initial in each group.

⑤ 听一听，选出声母不同的那个音节。

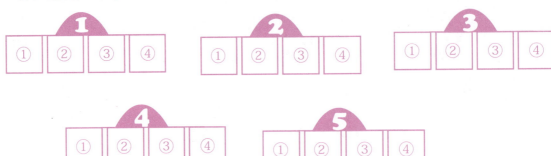

Listen to the recording and select the syllable with different final in each group.

⑥ 听一听，选出韵母不同的那个音节。

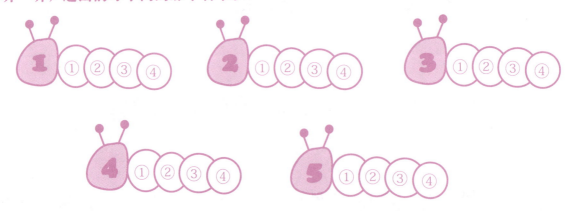

Listen to the recording and select the syllable with different tone in each group.

⑦ 听一听，选出声调不同的那个音节。

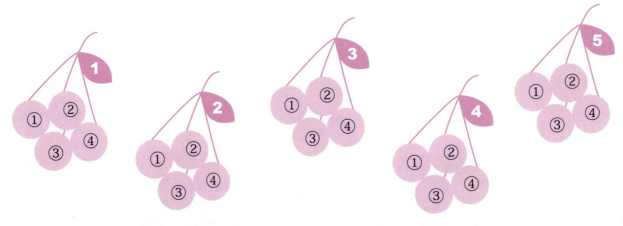

Practice of pronunciation

8 Listen to the recording and fill in the initials or finals.
听一听，填写声母或韵母。

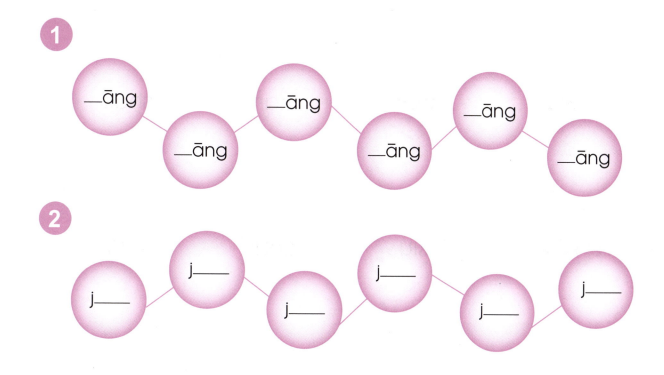

9 Listen to the recording and mark the tones.
听一听，标出声调。

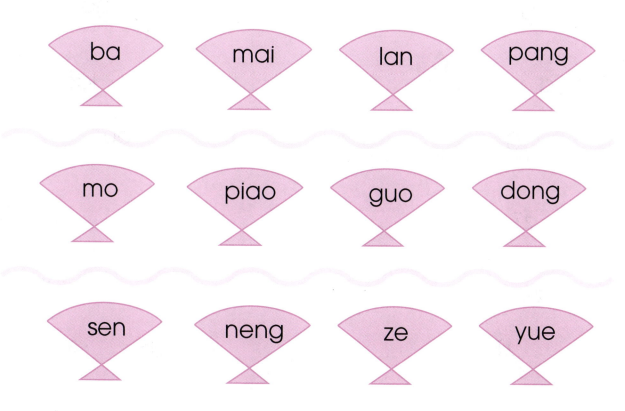

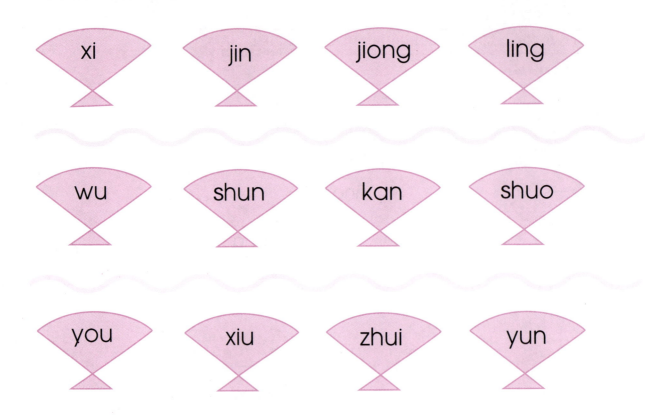

Listen to the recording and arrange the syllables in the order you hear.
听一听，按听到的顺序排序。

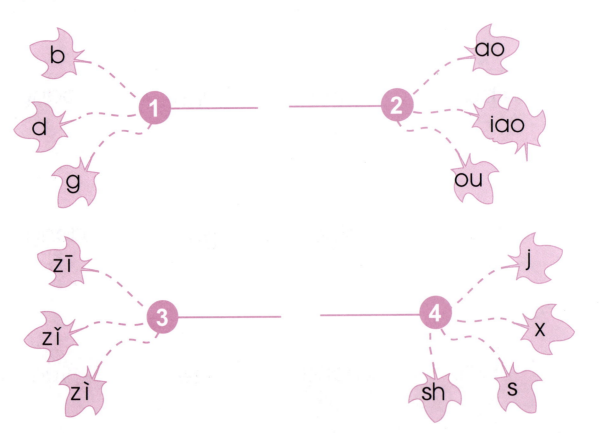

Practice of pronunciation

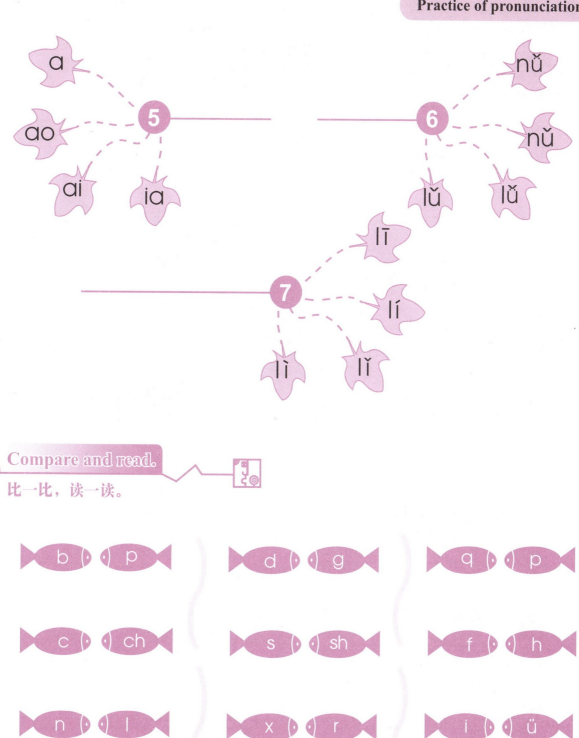

⑪ Compare and read.
比一比，读一读。

b	p		d	g		q	p
c	ch		s	sh		f	h
n	l		x	r		i	ü
ai	ia		iu	ui		en	eng
uo	ou		uan	üan		ie	üe

9

⑫ **Read and divide the initials and finals.**

读一读，分一分。

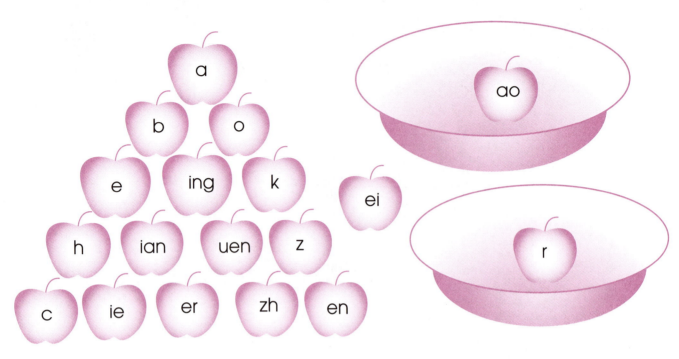

⑬ **Read and write.**

读一读，写一写。

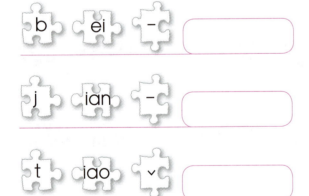

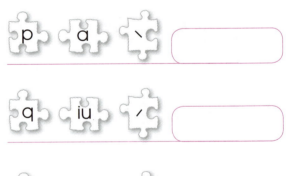

汉字练习

1 Recognize and trace.
认一认，描一描。

丶、
丿、
亻孑氵卜礻艹讠辶宀

一丿、
亻扌氵卜礻艹讠辶宀

一丨丿、
亻扌灬纟礻𥫗刂疒钅

丨丶、
亻扌灬纟礻𥫗刂疒钅

② **Find and draw the common stroke of each pair of characters.**
找一找，描出相同的笔画。

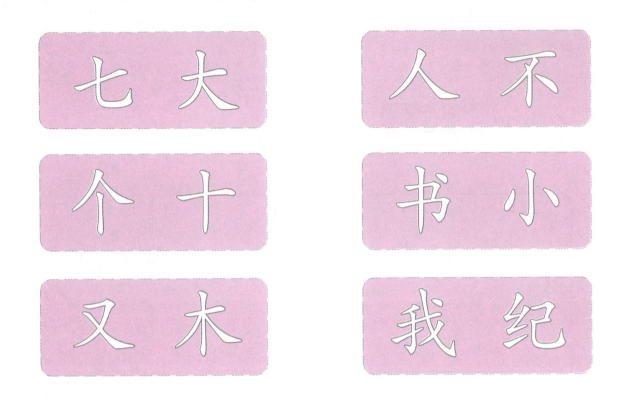

③ **Find and circle the characters with different structure in each group.**
找一找，圈出结构不同的那个字。

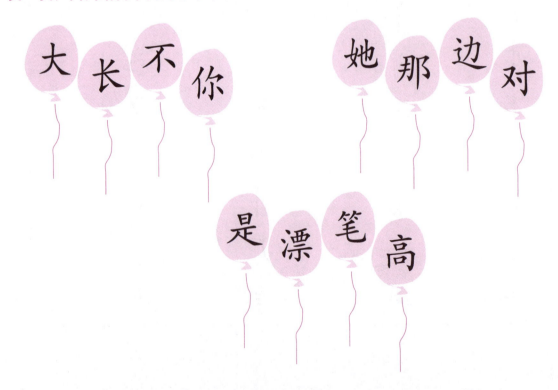

Practice of Chinese characters

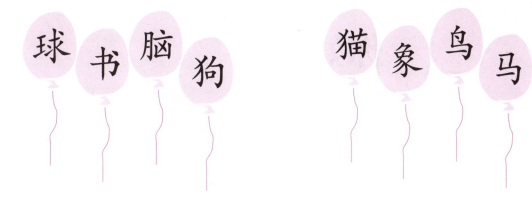

④ **Find and trace the common component in each group of characters.**
找一找，描出下面每组汉字中相同的部件。

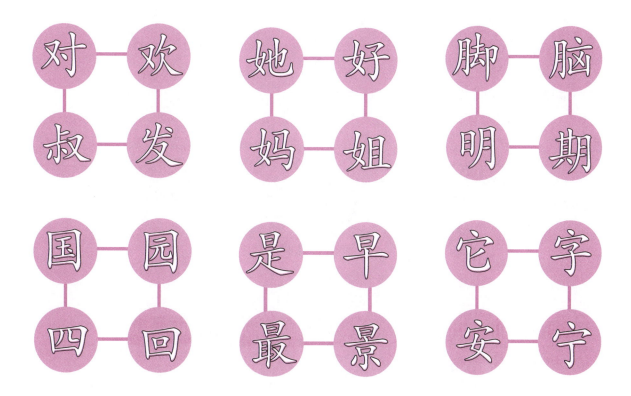

⑤ **Try and trace the first stroke of each character below.**
试一试，描出下面汉字的第一笔。

高 四 的 不 水 凡

Lesson 1 你好!

① **Circle the syllables you hear.**
圈出你听到的音节。

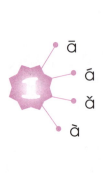
1 — ā / á / ǎ / à

2 — ē / é / ě / è

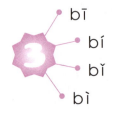
3 — bī / bí / bǐ / bì

4 — mō / mó / mǒ / mò

5 — pū / pú / pǔ / pù

6 — lū / lǔ / lū

② **Link syllables with lines according to the order you hear.**
按顺序把听到的音节用线连起来。

 mù

 bō

 nǚ

 fō

 yú

 tā

 lì

Lesson 1 | Hello!

Listen to the recording and judge whether the following sentences are the same as what you hear or not.

③ 听一听，看看下面的句子和你听到的一样不一样？

① 你好！
② 我是学生。
③ 我是飞飞。
④ 我姓王，叫王明。
⑤ 老师好！

Read and link.

④ 读一读，连一连。

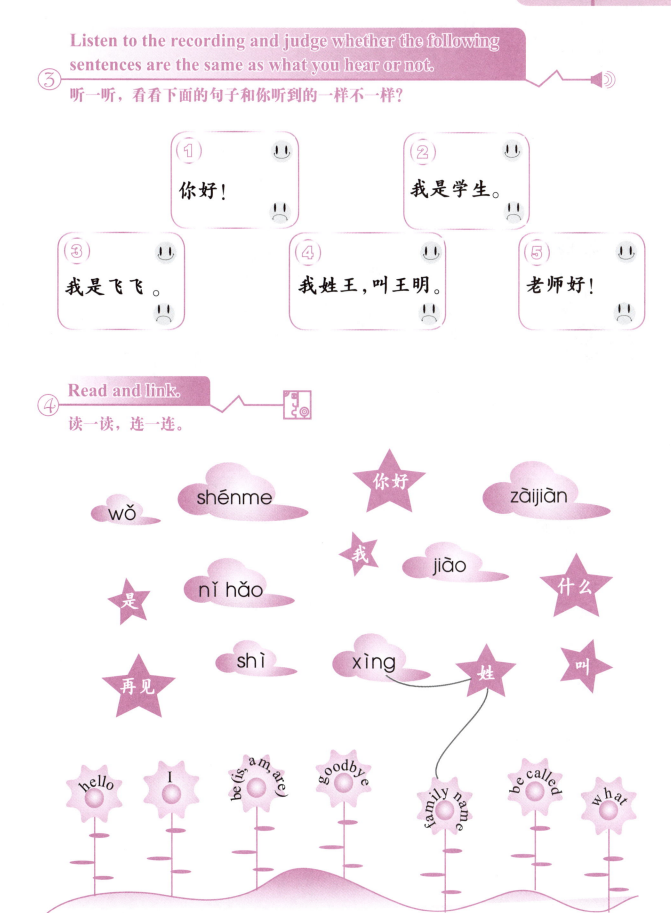

5 Look at the pictures and link.
看图连一连。

① 我是老师。
Wǒ shì lǎoshī.

② 我是学生。
Wǒ shì xuésheng.

③ 你好！
Nǐ hǎo!

④ 再见！
Zàijiàn!

6 Translate the following sentences into English.
把下列句子翻译成英语。

1. 你好！
   Nǐ hǎo!

   _____

2. 再见！
   Zàijiàn!

   _____

3. 我是学生。
   Wǒ shì xuésheng.

   _____

4. 你叫什么？
   Nǐ jiào shénme?

   _____

⑦ **Find the first stroke of each character below.**
找一找下面汉字的第一笔。

| 是 | 你 | 见 | 我 | 再 | 学 |

| 丿 | 丨 | 丶 | 一 | 丨 | 丶 |

⑧ **Write out the missing strokes in the following characters.**
写写看，能不能补出下面的汉字缺少的那一笔？

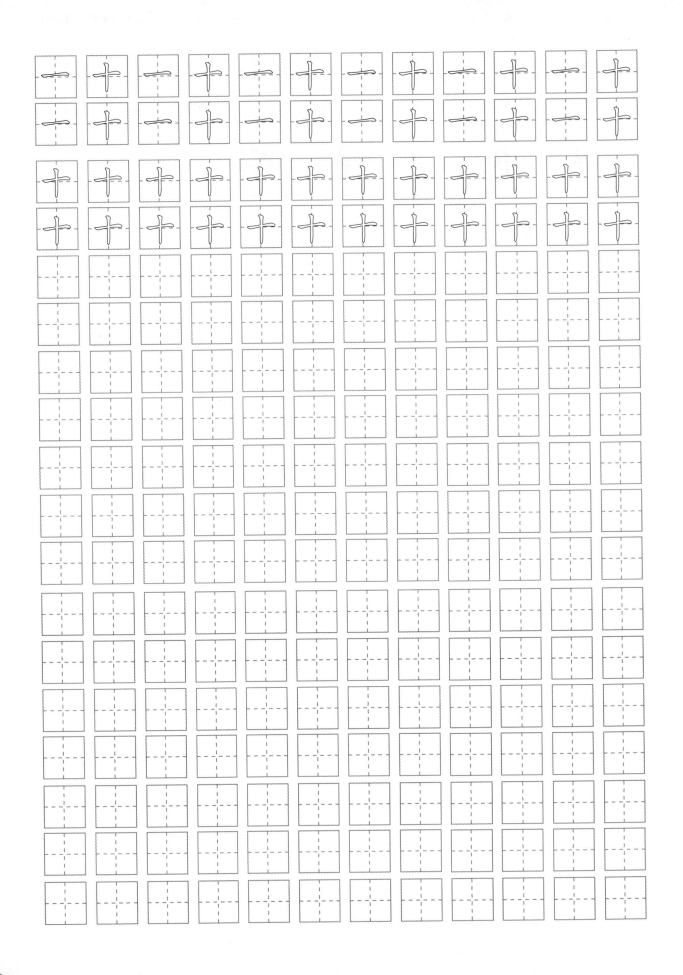

Lesson 1 | Hello!

Lesson 2　你真好！

① **Circle the syllables you hear.**
圈出你听到的音节。

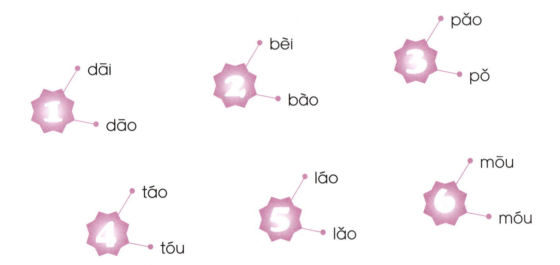

② **Listen to the recording and fill in the finals.**
听录音，填写韵母。

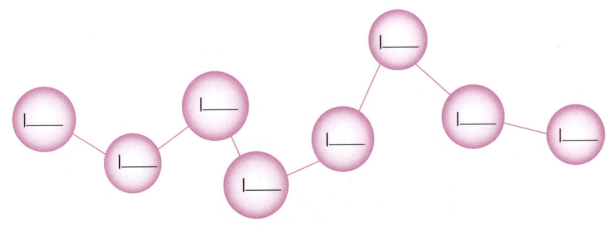

Lesson 2 | It's very nice of you!

③ **Write the words you hear using pinyin.**
用拼音把你听到的词记下来。

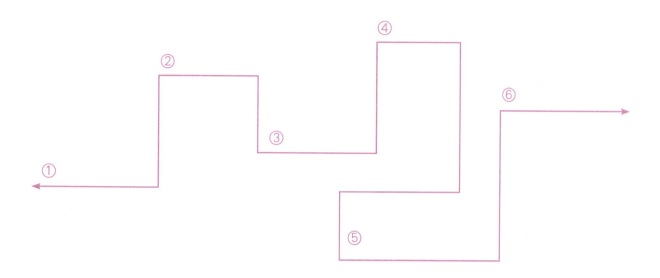

④ **Read and link.**
读一读，连一连。

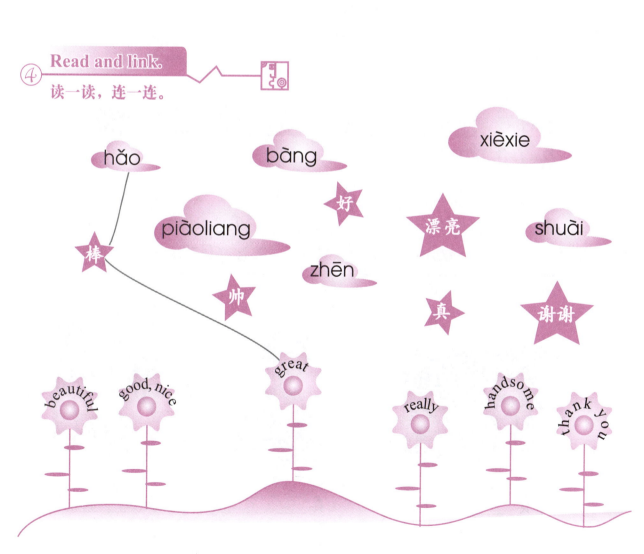

⑤ **Find the unique word in each group of words.**
从每组词中选出一个你认为不同的词。

漂亮 piāoliang　可爱 kě'ài
聪明 cōngming　谢谢 xièxie

好 hǎo　棒 bàng
真 zhēn　帅 shuài

你好 nǐ hǎo
你们 nǐmen
谢谢 xièxie
再见 zàijiàn

⑥ **Look at the pictures and select proper words to fill in the blanks.**
看图片，选合适的词填空。

| 漂亮 | 聪明 | 好 | 可爱 | 棒 | 帅 |
| piāoliang | cōngming | hǎo | kě'ài | bàng | shuài |

真_____！

真_____！

真_____！

Lesson 2 It's very nice of you!

 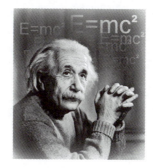 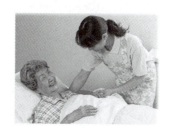

真_____!   真_____!   真_____!

7. Translate the following sentences into English.
把下列句子翻译成英语。

1. 你 真 好！
   Nǐ zhēn hǎo!

   _____

2. 张 老师 真 帅！
   Zhāng lǎoshī zhēn shuài!

   _____

3. 马丽 真 漂亮！
   Mǎ Lì zhēn piàoliang!

   _____

4. 谢谢 你们！
   Xièxie nǐmen!

   _____

⑧ **Think about how to express yourself in the following situations.**
想一想在下列情况下你可以怎么说？

1. During the travel, a stranger helps you move a heavy bag.
   _____

2. Your friend wears beautiful new clothes.
   _____

3. In a soccer match, your classmate scores five goals.
   _____

⑨ **Link and form characters.**
连一连，组汉字。

谢　明　好　聪　漂

Lesson 2 | It's very nice of you!

五个香蕉

Lesson 3

① **Circle the syllables you hear.**
圈出你听到的音节。

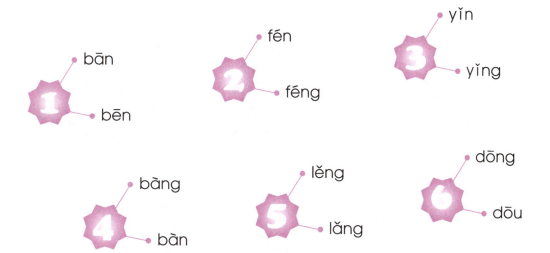

② **Listen to the recording and fill in the finals.**
听录音，填写韵母。

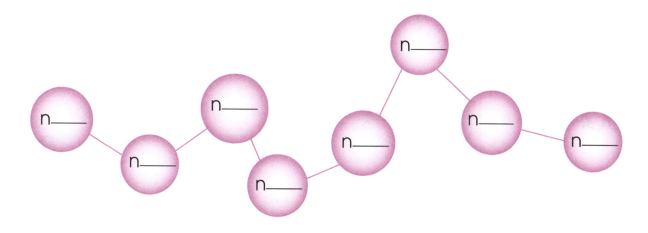

③ Mark the number for the pictures according to the order you hear.
根据听到的句子的顺序为图片标上序号。

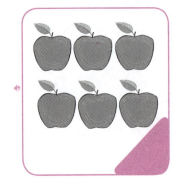

④ Listen to the recording and judge whether the following sentences are the same as what you hear or not.
听一听，看看下面的句子和你听到的一样不一样？

① 我要一个柠檬。

② 你们要什么？

③ 我要八个香蕉。

④ 我要三个西瓜。

⑤ 我们是七个人。

Lesson 3 Five bananas

⑤ Read and link.
读一读，连一连。

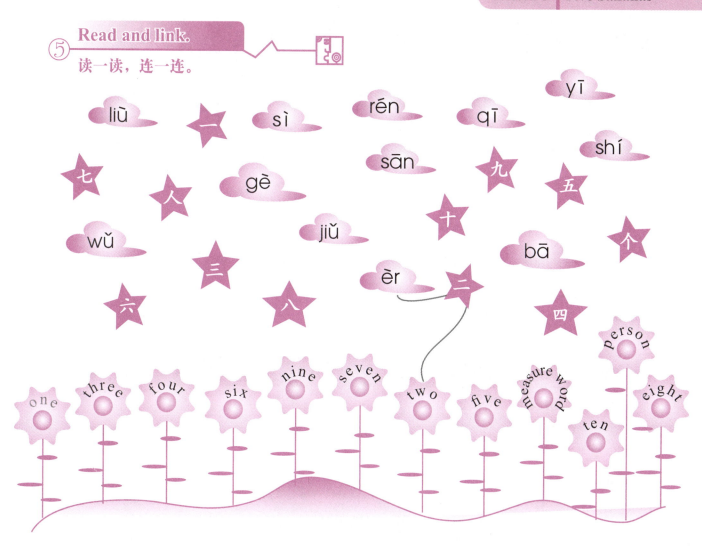

⑥ Read and write the pinyin for each word, and then draw the pictures.
读一读，为每个词标上拼音，并画一画。

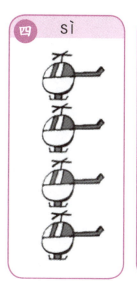
四 sì

九

三

一

七

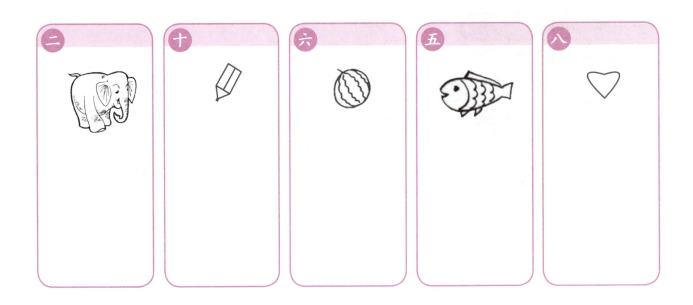

⑦ **Count and write down the figures in pinyin or characters.**
数一数，用汉语写出数字。

the number of your family members

the number of your weekly Chinese lessons

the number of boys in your class

Lesson 3　Five bananas

the number of girls in your class

the number of classmates wearing long hair

⑧ Select and mark the same sign for the characters with the same first stroke.
选一选，给第一笔相同的汉字标上一样的符号。

⑨ Try to add one stroke to the Chinese character 一 and change it into another one.
试一试在下面的汉字上加上一笔，让它变成另一个字。

一

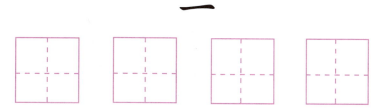

Lesson 3 | Five bananas

33

Lesson 4 我喜欢狗

① Circle the syllables you hear.
圈出你听到的音节。

1. xiē / xiā / xuē
2. què / qiè / qià
3. guǎ / guǒ / gǒng
4. jiā / jué / jié
5. kuò / kuā / kān
6. quān / qiàn / qià

② Listen to the recording and fill in the finals.
听录音，填写韵母。

x—j— — j—h— — g—g— — j—q— — h—q— — l—q—

Lesson 4 | I like dogs

③ **Mark the number for the pictures according to the order you hear.**
根据听到的词语的顺序为图片标上序号。

④ **Listen to the recording and select the correct answer.**
听一听，选择正确答案。

1. A 我喜欢鸟。 B 我喜欢狗。

2. A 他不喜欢鸟。 B 我不喜欢鸟。

3. A 你喜欢马吗？ B 我也喜欢马。

4. A 猫喜欢鱼。 B 老师喜欢鱼。

35

5 Read and link.
读一读，连一连。

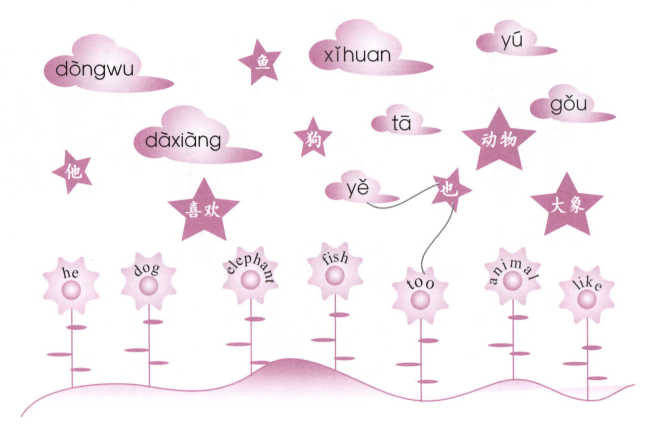

6 Select the unique word from each group of words.
从每组词中选出一个你认为不同的词。

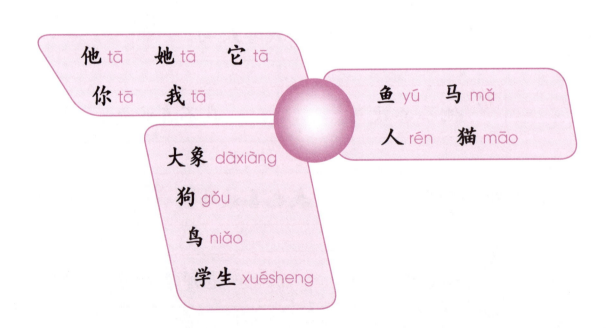

Lesson 4 | I like dogs

⑦ **Combine the following words into sentences.**
把下面的词连成一个句子。

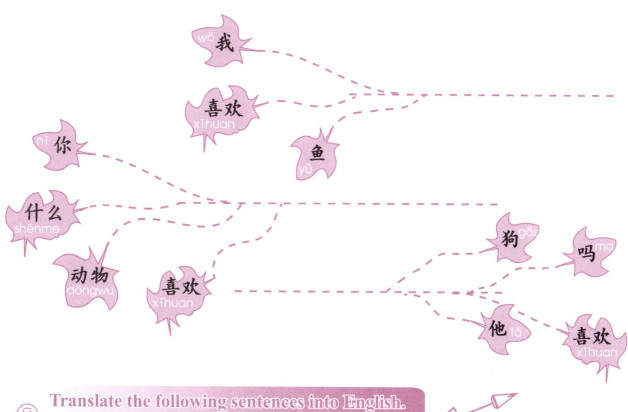

⑧ **Translate the following sentences into English.**
把下列句子翻译成英语。

1. 老师 喜欢 狗。
   Lǎoshī xǐhuan gǒu.

2. 他喜欢 大象， 我 也 喜欢 大象。
   Tā xǐhuan dàxiàng, wǒ yě xǐhuan dàxiàng.

3. 你 是 学生， 我 也 是 学生。
   Nǐ shì xuésheng, wǒ yě shì xuésheng.

⑨ **Form characters with the components.**
组汉字。

他 ▷ 亻 + 也

她 ▷ ○ + ○   狗 ▷ ○ + ○

它 ▷ ○ + ○   熊 ▷ ○ + ○

欢 ▷ ○ + ○   猫 ▷ ○ + ○

⑩ **Find the common component in each pair of characters.**
找出下面每组汉字中相同的部件。

Lesson 4 | I like dogs

我的眼睛很大

Lesson 5

1. Circle the syllables you hear.
圈出你听到的音节。

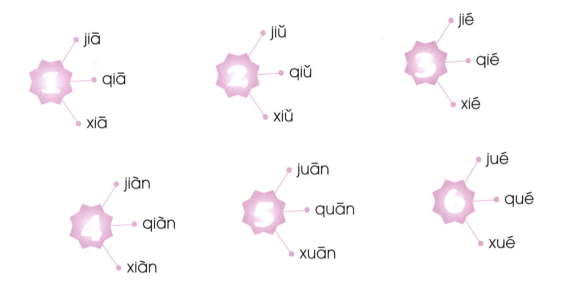

1. jiā / qiā / xiā
2. jiǔ / qiǔ / xiǔ
3. jié / qié / xié
4. jiàn / qiàn / xiàn
5. juān / quān / xuān
6. jué / qué / xué

2. Listen to the recording and fill in the initials.
听录音，填写声母。

_iā_ī

_ìng_ù

_iē_ī

_uān_ū

_ǔ_ián

_ì_ù

③ Listen to the recording and select the person you look for.
听一听，选出你要找的那个人。

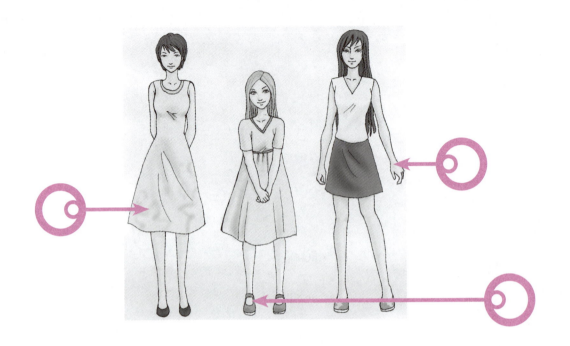

④ Read and link.
读一读，连一连。

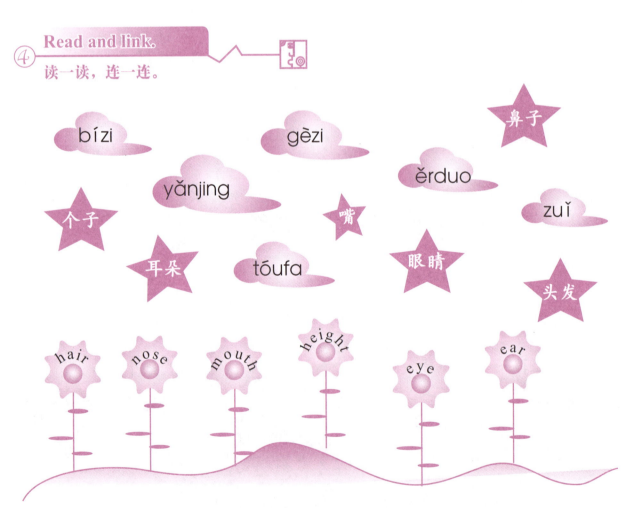

Lesson 5　I have big eyes

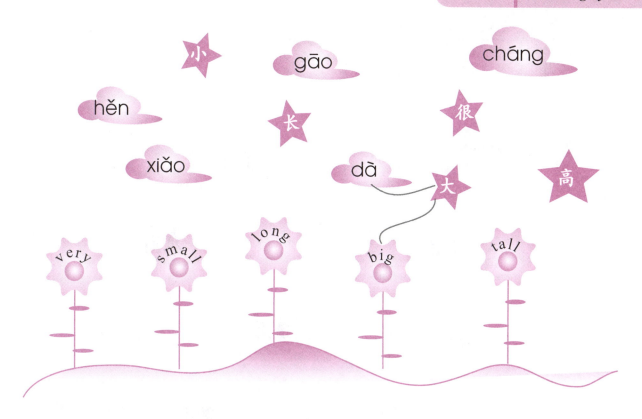

⑤ **Read and divide the following words into two groups.**
读一读，把下面的词语分成两类。

⑥ **Link and form sentences.**
连一连，组句子。

⑦ **Read and draw.**
读一读，画一画。

她的个子很高，
Tā de gèzi hěn gāo,

头发很长，
tóufa hěn cháng,

眼睛很大，
yǎnjing hěn dà,

鼻子很高，
bízi hěn gāo,

嘴很小。
zuǐ hěn xiǎo.

她的手很小，
Tā de shǒu hěn xiǎo,

脚很大。
jiǎo hěn dà.

Lesson 5 I have big eyes

8. Translate the following sentences into English.
把下列句子翻译成英语。

1. 我的 眼睛 很 大 。
   Wǒ de yǎnjing hěn dà.

   _____

2. 你的 狗 可爱 吗 ？
   Nǐ de gǒu kě'ài ma?

   _____

3. 你的 个子 很 高 ，我的 个子 也 很 高 。
   Nǐ de gèzi hěn gāo, wǒ de gèzi yě hěn gāo.

   _____

9. Form characters with components.
组汉字。

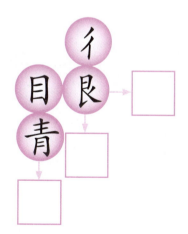

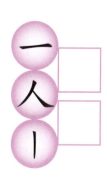

Lesson 5 | I have big eyes

Lesson 6 这是我妈妈

① Circle the syllables you hear.
圈出你听到的音节。

1. zhū / chū / shū
2. zhá / chá / shá
3. zhǎng / chǎng / shǎng / rǎng
4. zhì / chì / shì / rì
5. zhěn / chěn / shěn / rěn
6. zhè / chè / shè / rè

② Listen to the recording and fill in the initials.
听录音，填写声母。

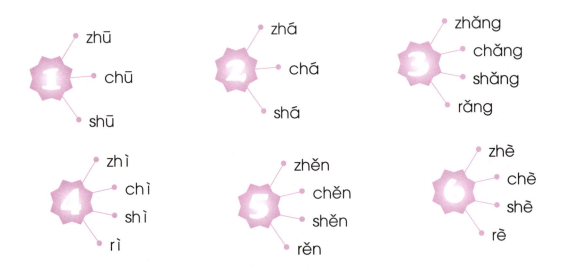

_í_ǎng　_è_ǒu　_ì_āng　_é_è　_ǐ_àng　_āng_én

48

Lesson 6　This is my mother

③ **Listen and link.**
听一听，连一连。

① 妈妈 māma　② 妹妹 mèimei　③ 爸爸 bàba　④ 哥哥 gēge

④ **Listen to the recording and circle the words you hear.**
听一听，圈出你听到的词。

爷爷　奶奶　妈妈　爸爸　叔叔

阿姨　姐姐　哥哥　妹妹　弟弟

⑤ **Read and link.**
读一读，连一连。

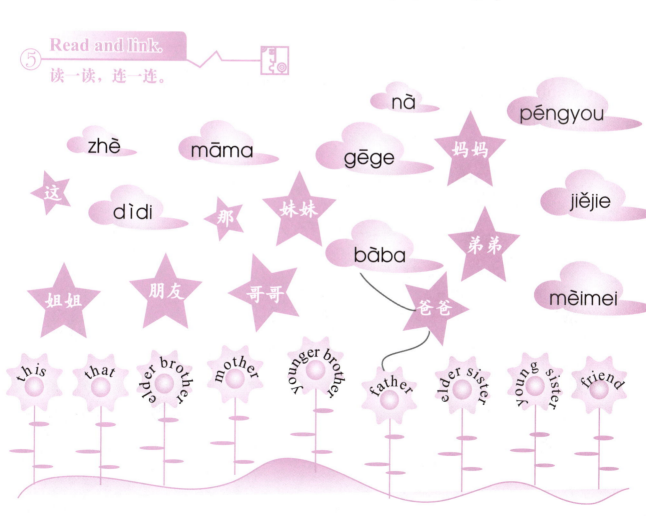

6. Read and draw a stick figure showing their gender.
读一读，画一画，画出他们的性别。

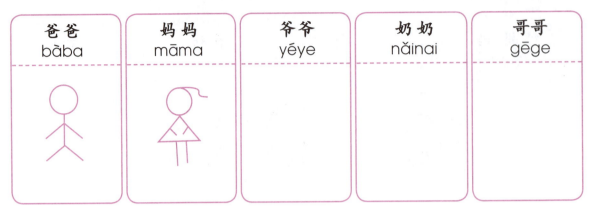

7. Combine the following words into sentences.
把下面的词连成一个句子。

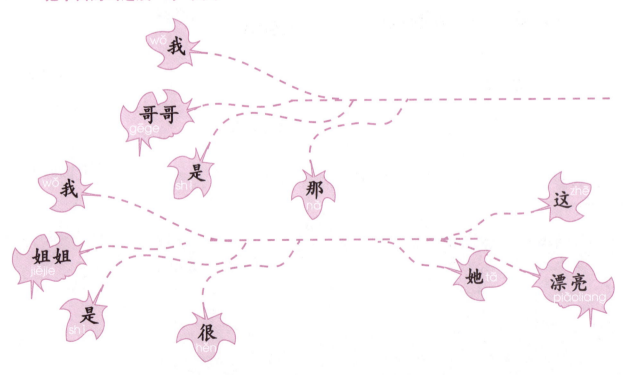

Lesson 6 — This is my mother

8 Translate the following sentences into English.
把下列句子翻译成英语。

1. 那是谁？
   Nà shì shuí?

   _____

2. 我妈妈的头发很长。
   Wǒ māma de tóufa hěn cháng.

   _____

3. 你弟弟的个子高吗？
   Nǐ dìdi de gèzi gāo ma?

   _____

4. 那是我妹妹的朋友。
   nà shì wǒ mèimei de péngyou.

   _____

9 Form characters with components.
组汉字。

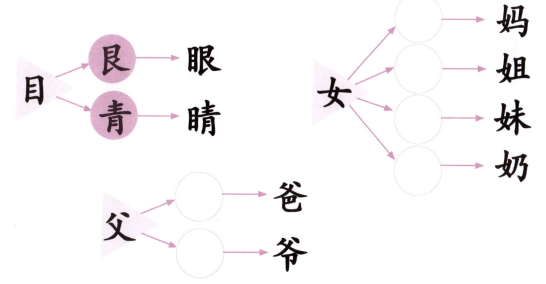

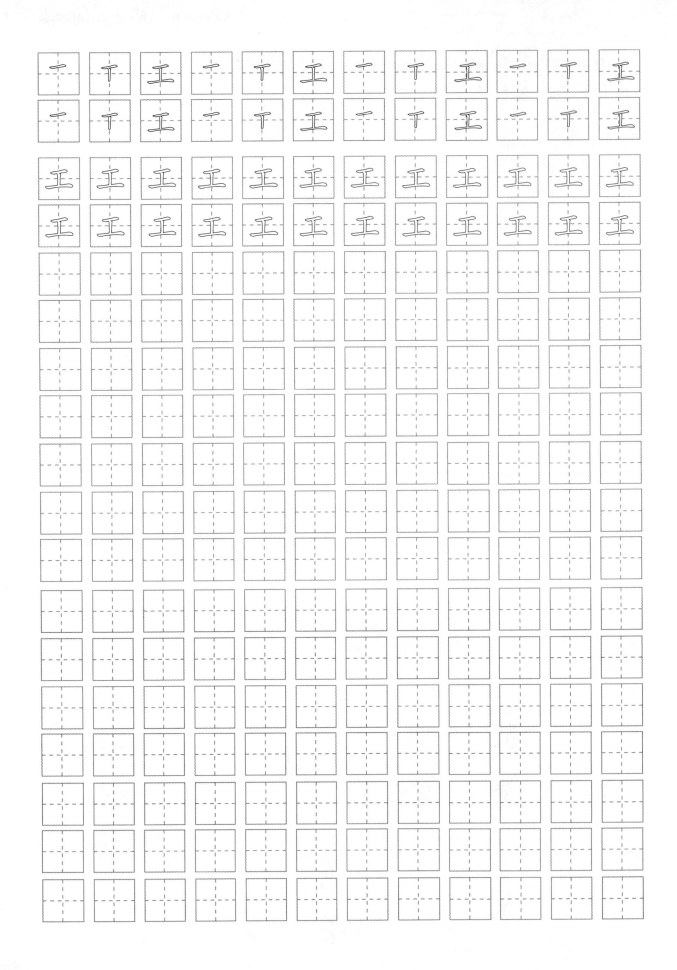

Lesson 6 | This is my mother

Lesson 7　看，我的电脑

① Circle the syllables you hear.
圈出你听到的音节。

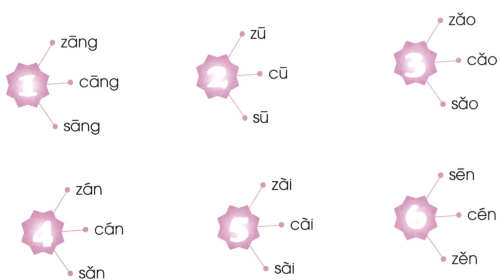

② Listen to the recording and fill in the initials.
听录音，填写声母。

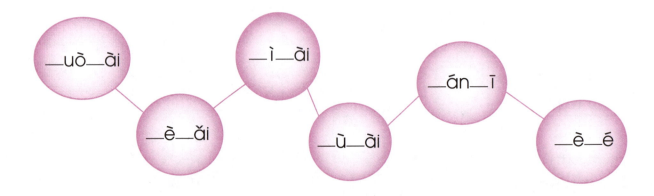

Lesson 7 | **Look, my computer**

③ **Mark the number for the pictures according to the order you hear.**
根据听到的词语的顺序为图片标上序号。

④ **Look and listen, mark the places in the picture inconsistent with what you hear.**
看一看，听一听，标出你听到的和图中不一致的地方。

55

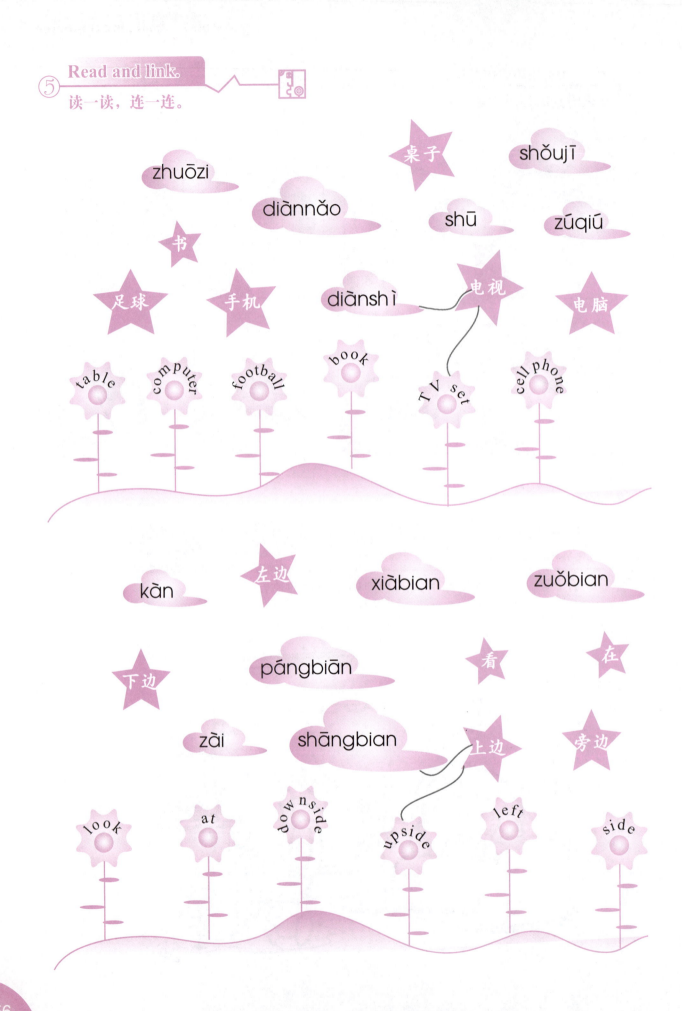

Lesson 7 Look, my computer

6 **Fill in characters and form words.**
填字组词。

7 **Read and draw.**
读一读，画一画。

| 小猫在桌子的上边。 | 书在电脑的旁边。 |
| Xiǎomāo zài zhuōzi de shàngbian. | Shū zài diànnǎo de pángbiān. |

| 足球在椅子的下边。 | 手机在沙发的上边。 |
| Zúqiú zài yǐzi de xiàbian. | Shǒujī zài shāfā de shàngbian. |

⑧ Translate the following sentences into English.
把下列句子翻译成英语。

1. 我 的 书 在 哪儿？
   Wǒ de shū zài nǎr?

   _____

2. 电脑在 桌子 的 上 边 。
   Diànnǎo zài zhuōzi de shàngbian.

   _____

3. 弟弟 的 足球在 椅子 的 下边 。
   Dìdi de zúqiú zài yǐzi de xiàbian.

   _____

⑨ Form characters with components.
组汉字。

他 ▷ 亻 + 也

脑 ▷ ○ + ○   沙 ▷ ○ + ○

边 ▷ ○ + ○   哪 ▷ ○ + ○

球 ▷ ○ + ○   机 ▷ ○ + ○

⑩ Try to add a stroke in each of the following components and change it into a character.
试一试，给下面的部件补出一部分，使它变成一个汉字。

Lesson 7　Look, my computer

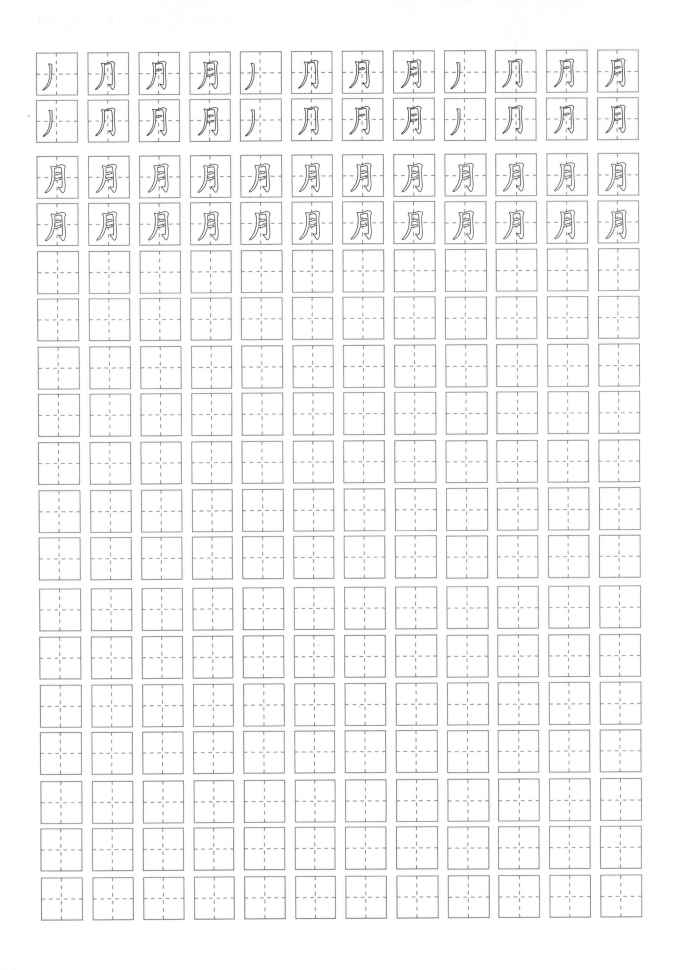

这不是你的书包

Lesson 8

① Circle the syllables you hear.
圈出你听到的音节。

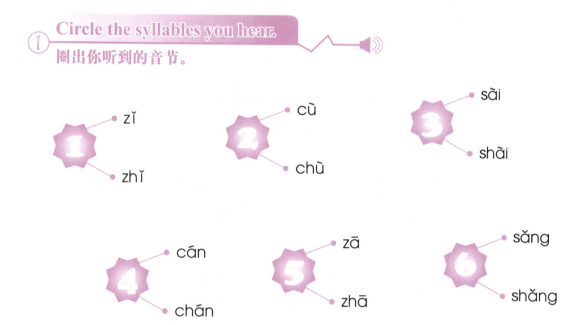

1. zǐ / zhǐ
2. cù / chù
3. sài / shāi
4. cán / chán
5. zā / zhā
6. sǎng / shǎng

② Listen to the recording and fill in the initials.
听录音，填写声母。

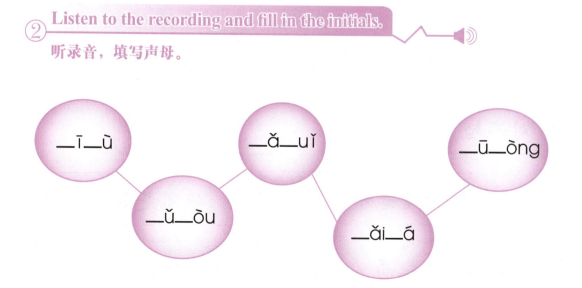

_ī_ù   _ǔ_ōu   _ǎ_uǐ   _ǎi_á   _ū_òng

③ Mark the number for the pictures according to the order you hear.
根据听到的句子的顺序为图片标上序号。

④ Listen to the recording and select the correct answers.
听一听，选择正确答案。

1. A 这不是我的书。 B 那不是我的书。

2. A 那不是你的笔。 B 那不是她的笔。

3. A 对不起。 B 没关系。

4. A 他是老师。 B 他不是老师。

5. A 弟弟的个子很高。 B 弟弟的个子不高。

Lesson 8 | This is not your bag

⑤ **Listen to the recording and find Mary's things.**
听一听，找出马丽(Mǎ Lì)的东西。

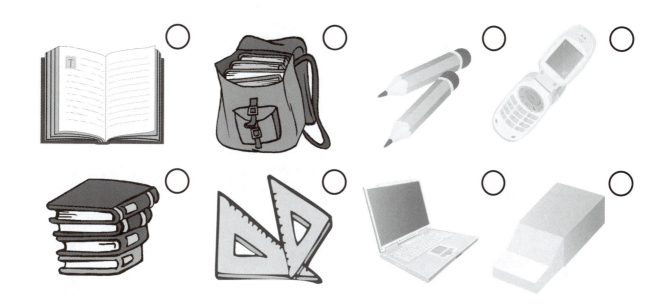

⑥ **Read and link.**
读一读，连一连。

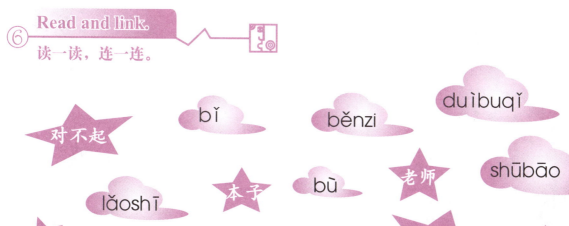

7 Fill in characters and form words.
填字组词。

8 Combine the following words into sentences.
把下面的词连成一个句子。

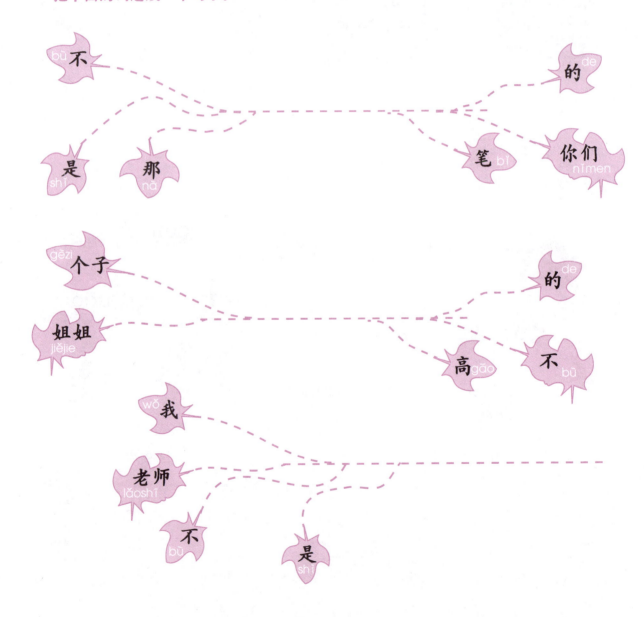

Lesson 8 — This is not your bag

⑨ Translate the following sentences into English.
把下列句子翻译成英语。

1. 对不起。
   Duìbuqǐ.

   _____

2. 没关系。
   Méiguānxi.

   _____

3. 这不是我们的本子。
   Zhè bú shì wǒmen de běnzi.

   _____

4. 这不是我的笔，那也不是我的笔。
   Zhè bú shì wǒ de bǐ, nà yě bú shì wǒ de bǐ.

   _____

⑩ Complete the dialogue.
完成对话。

A：你好，狒狒。
   Nǐ hǎo, fēifei.

B：我是飞飞，_____ 狒狒。
   Wǒ shì Fēifei.   fēifei.

A：_____，飞飞。
                          Fēifei.

B：没关系。
   Méi guānxi.

⑪ **Find the same component in each pair of characters.**

找出下面每组汉字中相同的部件。

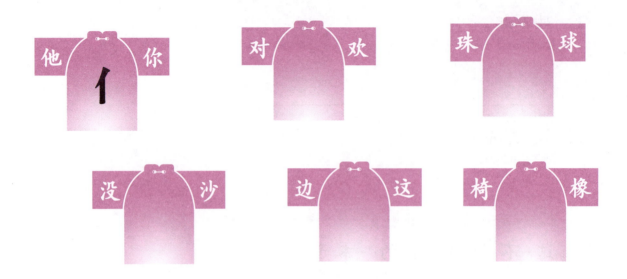

⑫ **Try to add a stroke in each of the following character and change it into another one.**

试一试在下面的汉字上加上一笔，让它变成另一个字。

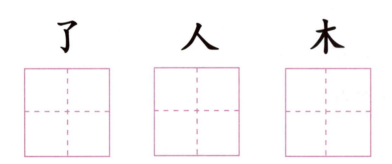

Lesson 8 | This is not your bag

郑 重 声 明

高等教育出版社依法对本书享有专有出版权。任何未经许可的复制、销售行为均违反《中华人民共和国著作权法》，其行为人将承担相应的民事责任和行政责任，构成犯罪的，将被依法追究刑事责任。为了维护市场秩序，保护读者的合法权益，避免读者误用盗版书造成不良后果，我社将配合行政执法部门和司法机关对违法犯罪的单位和个人给予严厉打击。社会各界人士如发现上述侵权行为，希望及时举报，本社将奖励举报有功人员。

反盗版举报电话：(010) 58581897/58581896/58581879
反盗版举报传真：(010) 82086060
E - mail：dd@hep.com.cn
通信地址：北京市西城区德外大街 4 号
　　　　　　高等教育出版社打击盗版办公室
邮　　编：100120

购书请拨打电话：(010)58581118

图书在版编目（CIP）数据

体验汉语初中练习册. 第1册 / 国际语言研究与发展中心. —北京：高等教育出版社，2008.6（2009重印）

ISBN 978-7-04-022273-9

Ⅰ.体… Ⅱ.国… Ⅲ.汉语－对外汉语教学－习题 Ⅳ.H195.4

中国版本图书馆 CIP 数据核字（2008）第 075023 号

| 策划编辑 | 徐群森 | 责任编辑 | 鞠 慧 | 责任印制 | 朱学忠 |

出版发行	高等教育出版社	购书热线	010－58581350
社　　址	北京市西城区德外大街4号	免费咨询	800－810－0598
邮政编码	100120	网　　址	http://www.chinesexp.com.cn
总　　机	010－58581000		http://www.hep.com.cn
		网上订购	http://www.chinesexp.com.cn
经　　销	蓝色畅想图书发行有限公司		http://www.landraco.com
印　　刷	北京佳信达欣艺术印刷有限公司	畅想教育	http://www.widedu.com
开　　本	889×1194　1/16	版　　次	2008年6月第1版
印　　张	4.5	印　　次	2009年4月第2次印刷
字　　数	96 000		

本书如有印装等质量问题，请到所购图书销售部门调换。　　ISBN 978-7-04-022273-9

版权所有　侵权必究

物　料　号　22273-00